DOVER GAME AND PUZZLE ACTIVITY BOOKS

MAZE FUN

MIKE ARTELL

DOVER PUBLICATIONS, INC.
New York

Bibliographical Note

Maze Fun is a new work, first published by Dover Publications, Inc., in 1995.

International Standard Book Number: 0-486-28788-2

Manufactured in the United States of America
Dover Publications, Inc., 31 East 2nd Street, Mineola, N.Y. 11501

NOTE

This book contains 40 mazes specially designed to challenge your pathfinding abilities. Begin each maze at the area marked "Start" and work your way to the "End" without retracing your path.

To check your work—or for assistance if stumped—you may refer to the Solutions section, which begins on page 41.

START

END

1

START

END

3

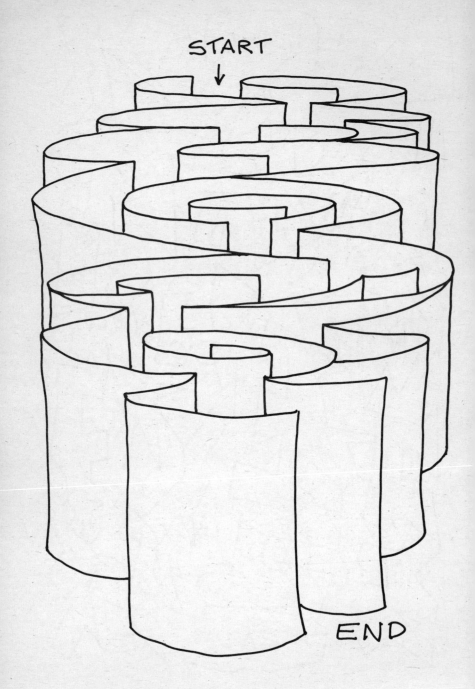

START

END

Top view of three-dimensional maze

7

9

START

END

Top view of three-dimensional maze

11

START

END

12

START

END

13

14

START

END

17

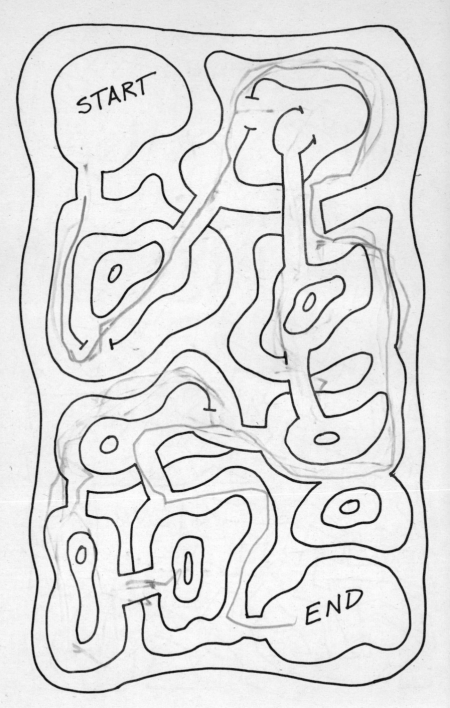

START

END

START

END

19

START

END

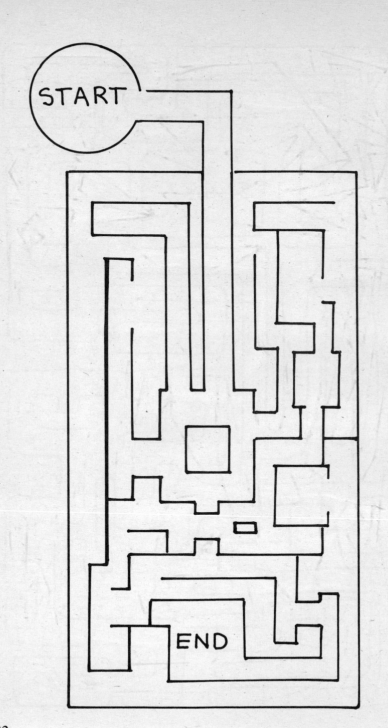

START

END

22

START

END

23

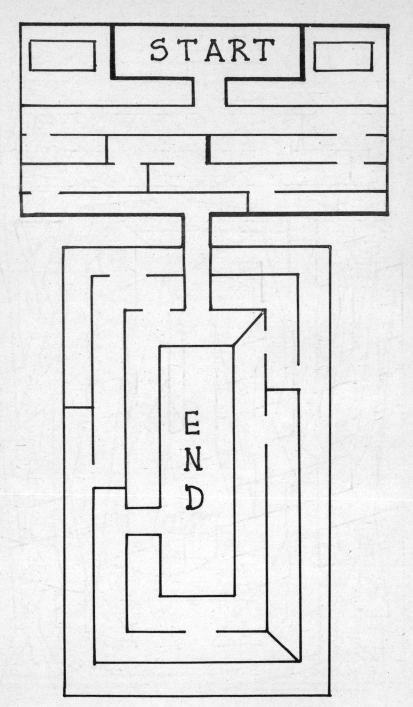

START

END

25

START

END

START

END

28

START

END

START

END

30

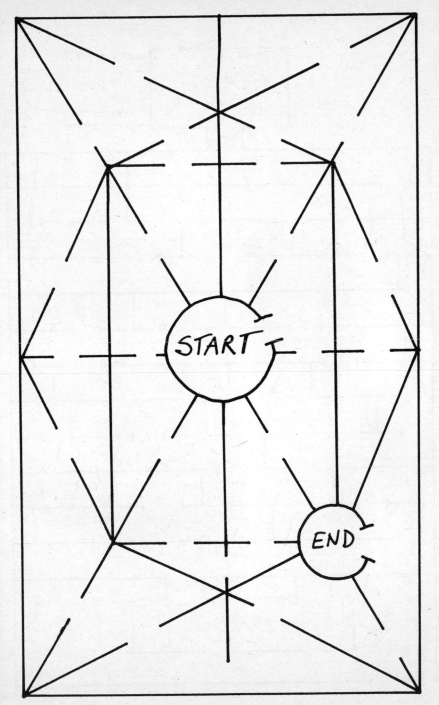

31

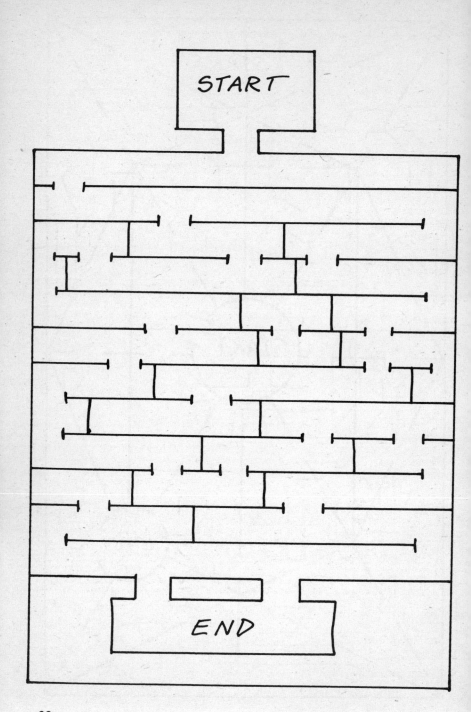

START

END

33

START

END

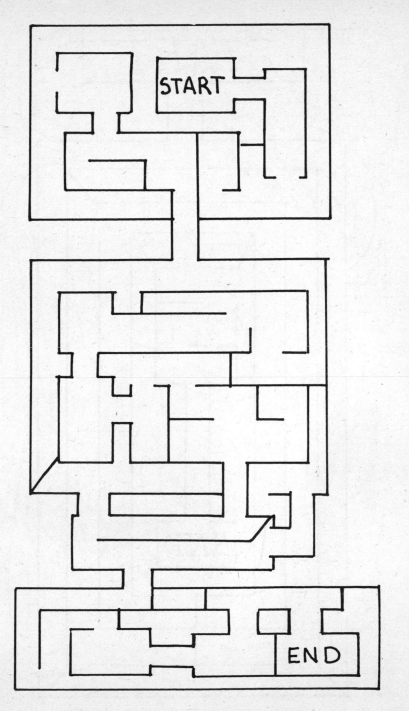

START

END

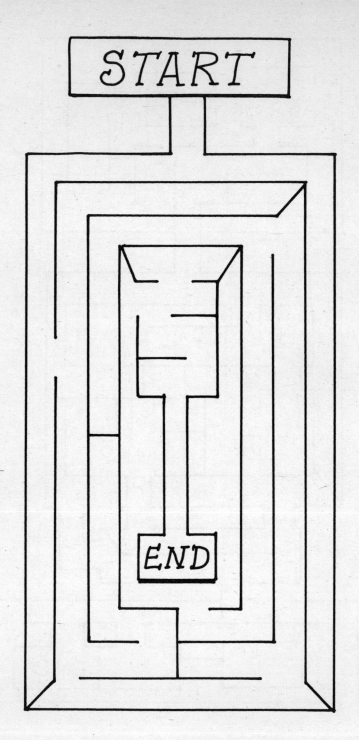

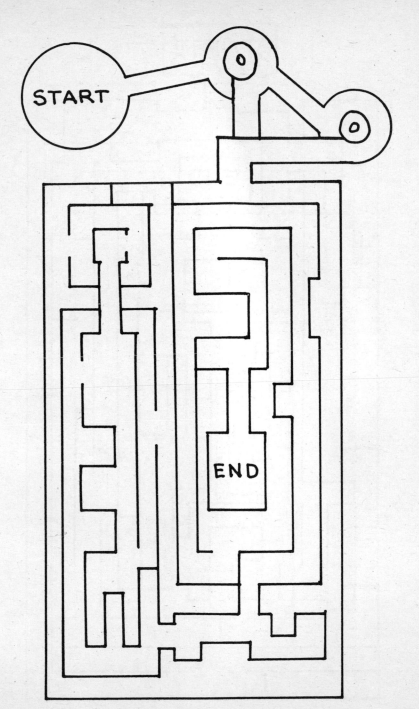

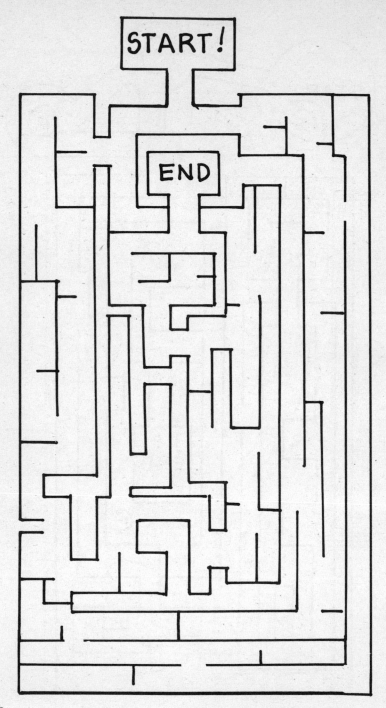

SOLUTIONS

page 2

page 1

page 4

page 3

42

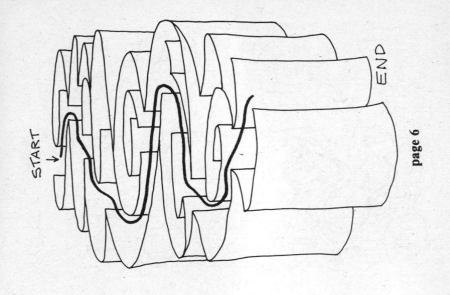

START

END

page 6

START

END

page 5

43

page 8

page 7

44

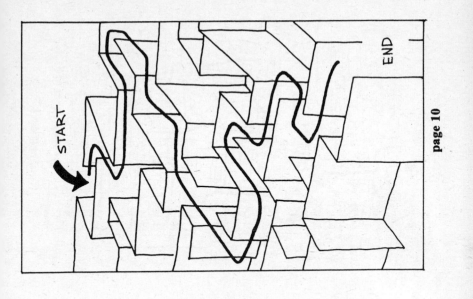

START

END

page 12

START

END

page 11

46

START

END

page 14

START

END

page 13

47

START

END

page 16

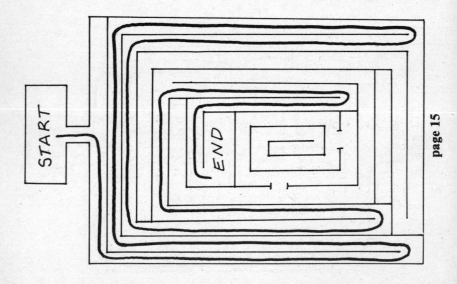

START

END

page 15

48

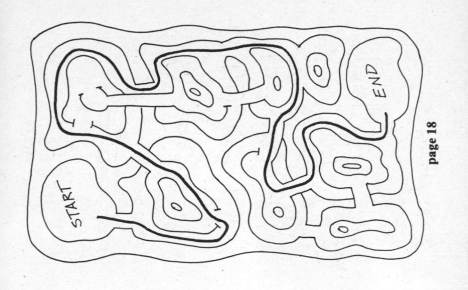

page 18

page 17

49

START

END

START

END

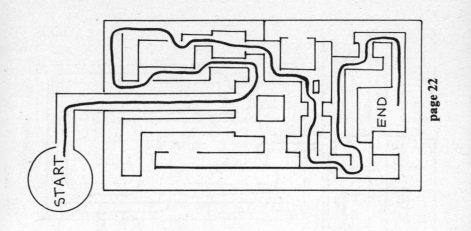

START

END

page 22

START

END

page 21

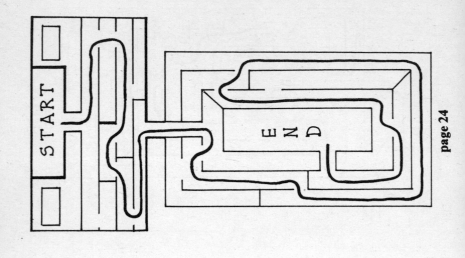

START

E
N
D

page 24

START

END

page 23

52

page 26

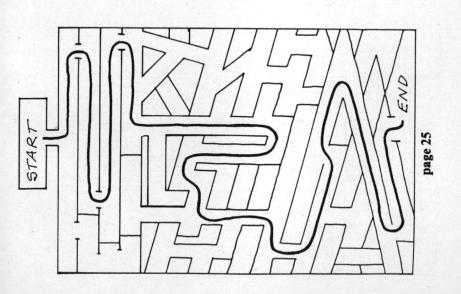

page 25

53

START

END

page 28

START

END

page 27

54

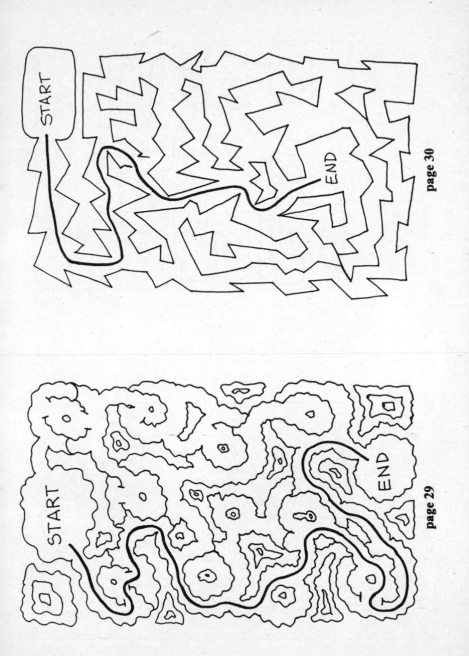

START
END
page 30

START
END
page 29

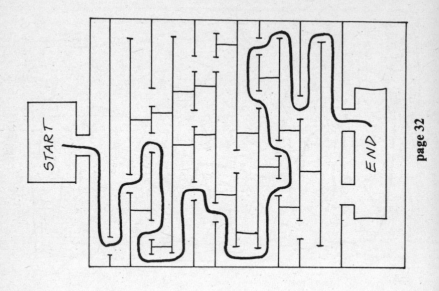

page 32

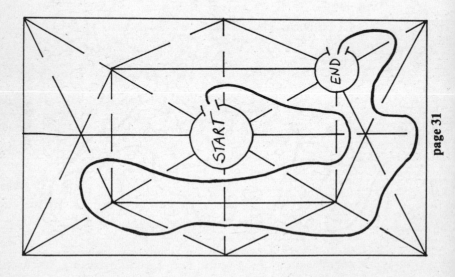

page 31

page 34

page 33

57

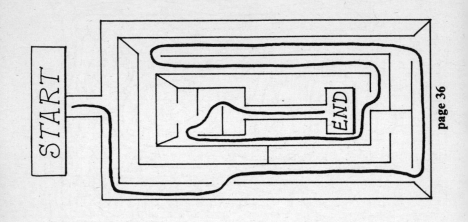

page 36

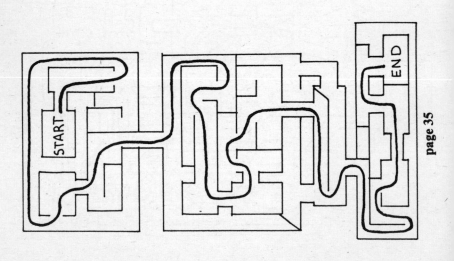

page 35

58

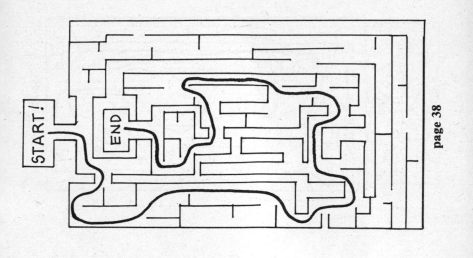

page 38

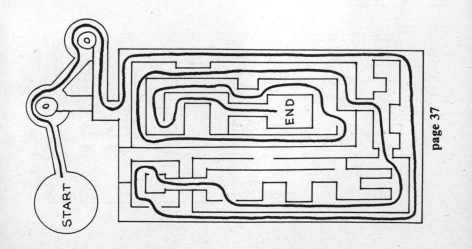

page 37

59

page 40

page 39

60